ネットで見たけど これってホント?

① 健康のメディアリテラシー

北折 一 著

へ〜！知らなかった

えー そうなの？

少年写真新聞社

はじめに

北折 一

便利な時代になりましたね！

知りたいことがあった時、昔だったら図書館に行って本を探して、見つからなければ別の図書館に出かけて行ってもっと探したり、専門家に連絡して聞いたりしていましたが、今ならインターネットが0コンマ何秒かで教えてくれます。しかも、ほしい情報だけを手に入れることもできるようになりました。もっとくわしく知りたければ、それも簡単。

お米を食べなければやせられるのかしら？

炭水化物ぬきダイエット

"ただし!! いかにも真実かのような情報が、まったくのウソだったりすることも、ネットの世界では、めずらしいことではなくなってしまったのも事実です"

やせた人もいれば太った人もいるのか

「体にいい」と書かれているものが、実は無意味どころか健康を害してしまうことがあります。逆に、実際には栄養豊富な食べ物が、「本当は体に悪いんです」とウソの情報を流されていることもあります。それって、どうしてなんでしょう!?

"ネットの情報は、新聞やテレビなどのマスコミとはちがって、だれでも自由に発信できます"

マスコミとネットのちがい

マスコミの場合は、まちがった情報が流れると、それを見つけた人が新聞社やテレビ局に連絡し、本当にまちがっていた場合には、訂正やおわびをすることになります。情報を出す側は、そうしたことが起こらないように、たくさんのデータを調べたり、専門家に確認したりしているため、まちがった情報は、そうそう簡単には流れないようになっています。

まちがっていました。正しくは・・・・・ということでした

ウソだけどネットにのせちゃおう

でも、ネットの場合は、そこまでくわしく調べないまま発信されたり、自分が勝手に正しいと信じこんだ情報を、そのまま広めてしまったりする人も多いのです。なかでも、「これまでの情報はまちがっていた」と書かれているものは、ついつい「え、そうなの!? 真実を知ることができてよかった～！」と思わせる書き方をしてあるものが多いようです。すると、それを見た人が、「自分もたくさんの人に伝えなくちゃ」と思って、もっと広めたりします。

"そうなってくると、何を信じたらいいかわからなくなることも増えてしまいますね"

そこで‼ この本では、ネット上でよく見かける、「これって本当なのかなー!?」と思っちゃうような情報を集めて、みなさんがどう考えればよいのかをガイドしていきます。

第1巻では、「除菌剤を使えば手洗いは必要ない？」、「インフルエンザの予防にマスクは効果がない？」など、『健康』に関係することを取り上げます。

本当に本当なのは、ホント、どっちなのかな～!?!? …と、少しだけ疑って見てみると、「みなさんの生活をよりよくする情報」を、しっかり見分けることができるようになるはずです。

ネットで見たけど これってホント？

① 健康のメディアリテラシー

もくじ

はじめに	2
この本の使い方	5
除菌剤を使えば手洗いは必要ない？	7
くさいおならが出るのは、肉ばかり食べているから？	11
インフルエンザの予防にマスクは効果がない？	15
お酒は飲めば飲むほど強くなる？	19
炭酸飲料をたくさん飲むと、骨がとける？	23
タバコは自分で吸うよりも、周りの人のほうが害が大きい？	29
【知っておきたいネットのこと】あやしいネット情報の見分け方のコツ	33
炭水化物をぬくと、ダイエットできる？	35
コラーゲンをとると、はだがすべすべになる？	41
歯みがきは、食後すぐよりも少し時間がたってからがいい？	45
ニキビにベビーパウダーや軟こうをぬると治る？	51
過呼吸になった時は、紙ぶくろを口に当てる？	55
さくいん	61
おわりに	62

> **【おとなの皆さまへ】**
>
> 　本書で取り上げる内容については、「科学的視点」からは、「どちらとも言えない」としか言いようのないものが多くふくまれています。たくさんの研究者が実験や測定をすると、正反対の結果が出ることもあるからです。また、ヒトの体の反応などは実験を行うことができない場合が多く、動物実験や疫学調査など、他の方法で得られたデータから推測するしかないケースも多くあります。情報発信者それぞれの立場で言い分があるのも理解でき、シロクロを示すことが不可能なものも存在します。もちろん、時間がたてば研究が進み、真偽が逆転することもたくさんあります。
>
> 　本書は、「これってホント？」というスタイルを取っていますが、必ずしもそれらについて「正しいか正しくないかで区別する」のではなく、「どう考えるか」の問題として、考え方の道筋を示すように構成しています。
>
> 　「伝え手の意図」が混入していない情報は、この世にはひとつも存在しません。ネット時代、ありとあらゆる情報が、どこの誰かがわからない人たちのさまざまな思惑で、発信されまくるようになりました。いい加減な情報に安易にとびつかないためにも、成長段階にある子どもたちには、「多面的にものごとをとらえる練習」が必要です。本書がその一助になれば、と切に願っております。
>
> 　「子ども向け」であるため、提示する情報をしぼり、必ずしも議論の材料が網羅されているわけではないことを、あらかじめお断り申し上げます。

この本の使い方

こちらはリテラくん！
ネット情報の読み方を教えてくれるよ！

どうも!!

リテラとは、リテラシーの略だ。リテラシーというのは、あたえられた情報を活用する能力のことをいうよ。情報の読み取り方を考えていけるようになろうね！

はじめのページ

ネットで見かけたある情報に対して、その意見を信じる子と疑っている子のふたりが、おたがいにどう考えているのかを伝え合う。

ふたりの意見を聞いたうえで、リテラくんが、この情報に向き合う時のポイントを教えてくれる。

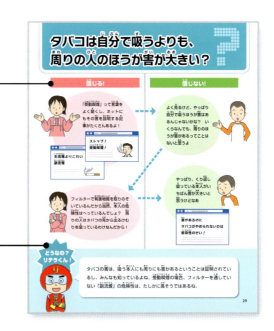

まん中のページ

文章や図などで、この情報のくわしい説明や正しい内容を理解することができる。

リテラくんが新たな視点や考え方などを示してくれる。

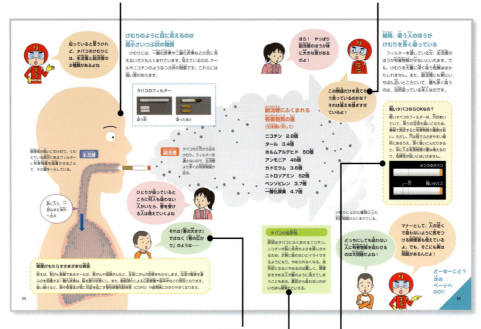

会話を追って読んでいくことで、情報に対してどう疑問を持っていくのか、確信していくのか、考えの道すじがわかる。

ほかの情報と比べてみたり、実験をしたりすることで、情報の科学的な根きょなどを調べていく。

最後のページ

情報によっては、あわせて知っておくとよい情報をプラスして紹介している。

リテラくんが、（この情報に限らず）同じような問題点をかかえた情報を読みとく時に、注意したいことをまとめて伝えている。いわゆる、情報リテラシーやネットリテラシーという面から考えるポイントとなる。

＊必ずしも、取り上げた情報が正しいか、まちがいかということとは限らない。

除菌剤を使えば手洗いは必要ない？

信じる！

「菌を取りのぞく」わけだから、手洗いと同じだよね。手洗いなしでもOKよ！

こんな商品（除菌剤）がたくさんあるよ！それに病院の入り口にも、置いてあるくらいだから、効果があるに決まってるよ!!

信じない！

うーん、水で洗い流すことが必要だと思う！病院のトイレにも

って書いてあったし

除菌って殺菌とはちがって、菌は死んでないんじゃないの？だったら、しっかり洗い流すほうが菌はなくせそう！

どうなの？リテラくん！

ある実験では、かぜをひいた人がふれた物にさわった人の50％が感染したという報告があるよ。手の清潔さは大切だよね。除菌剤は水道がなくても使えるし、ふく手間もいらないからラクなのはたしかだね。でも、「手洗いとどっちが効果的か」に気をとられると、とても大事なことを見落としちゃうかもよ！

「この問題は、手の菌の数を比べる実験をすれば、一発で解決すると思うよ!」

「やってみるかい!」

「そうよね! じゃあ除菌と手洗いの「どれだけ菌をへらせるか対決」をしてみようよ!」

除菌と手洗いのピカピカ対決実験をしてみたよ!

菌をはん殖させるための寒天培地
もともと手についている菌を寒天培地につける。

 除菌剤　　　　　　　　　　　　　　　　　　手洗い

量や使い方などは、除菌剤に書いてある通りに行う

それぞれ、菌をつけたのと同じ手を別の寒天培地につける。

石けんをよくあわだてて、指の間などもきれいに洗う。

「あれ? ほとんど同じ結果だね!」

保温庫
菌をはん殖させて、培地を観察する。

「除菌剤でもそんなにきれいになるの?」

 除菌前の手
 除菌した手

「そりゃそうだよ! どちらも手をきれいにする方法なんだから!」

 洗う前の手
 石けんで洗った手

除菌剤でも手洗いでも菌をへらせる

除菌剤にふくまれるアルコールが菌を殺すメカニズムは、完全には解明されていませんが、菌をおおっているまくをこわしたり、中にある水分をじょう発させたりする働きがあることはたしか。

石けんも、菌のまくの油分を落として、こわす力があるし、殺せないまでも洗い流せば、菌を確実にへらすことができます。

じゃあ、除菌だけしておけばいいということよね

まだ早いわよ！ほら、ネットの記事を見てよ！

ノロウイルスは除菌剤では取りのぞけない!!

そう!! 細菌は除菌剤でもかなり防げるけど、ウイルスの中には、アルコールがまったく効かないものもあるんだ

アルコールで

殺せるウイルス	殺せないウイルス
まくでおおわれているインフルエンザウイルスやHIVウイルスは、アルコールでこわすことができる。	もともとまくを持っていないウイルスは、アルコールでこわせない。例えば、ノロウイルスやアデノウイルス、ロタウイルスなどがある。

菌とウイルスはちがう!!

どちらも目に見えないものだけれど、実は大きさも性質もだいぶちがう。

ウイルス 1mmの100万分の1くらいの大きさ

ウイルスは生物の細胞に入りこんで増えるから、とても小さいんだよ！

菌 1mmの1000分の1くらいの大きさ

除菌剤が効かないものに気をつけて使えばいいんだよ

だからね、取りのぞく菌やウイルスの種類がどうのではないんだよ！ 下手をすると、かえって菌まみれ、ウイルスまみれになってしまうこともあるんだから！

だったら、手洗いのほうがきれいにできるよ！

どーゆーこと？次のページへGO!!

ふだん、どれくらい手洗いや除菌をしているか、現実を見てごらん

手洗い……ちゃんとやってる？

手洗いをどのくらいやっているのか、調べてみたよ。

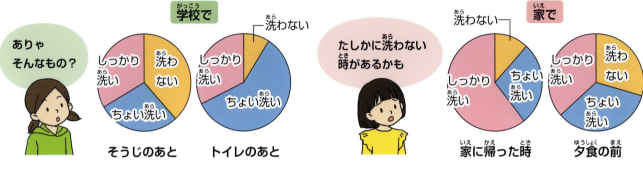

ありゃそんなもの？

学校で
- そうじのあと（しっかり洗い／ちょい洗い／洗わない）
- トイレのあと（しっかり洗い／ちょい洗い／洗わない）

たしかに洗わない時があるかも

家で
- 家に帰った時（しっかり洗い／ちょい洗い／洗わない）
- 夕食の前（しっかり洗い／ちょい洗い／洗わない）

「ちょい洗い」がけっこう大問題

指先にちょっと水とか除菌剤とかをつけて、ささっと手洗いをすませるのがちょい洗い。一部にしかついていなかった菌やウイルスを、ちょい洗いでかえって手のひら全体に広げしまうこともあります。

もうひとつ気をつけたいのは、その手をふいたハンカチで菌が大増殖する可能性が！

しめり気と温度によって、菌が増えることに。

もともとここについていた菌が……。

ちょい洗い　寒天培地

ちょい除菌　寒天培地

しっかりした手洗いを習慣化するのが大事なのは当たり前だけど……かぜや食中毒が流行する季節には、目的をより意識してやるといいのね

リテラくんからみんなへ

手洗いも除菌も、きちんとやれば効果は同じ。何のためにそれをしているのかを知るのは大事なことだよね。季節や場所、何を防ぎたいのかをイメージしたうえでやらないと、無意味どころか逆効果にもなるよ。結果としてやっていることが「ただ何となく」では、やっていないのと同じ。「どんな情報を選ぶか」を考える以前の問題だよね。

くさいおならが出るのは、肉ばかり食べているから？

信じる！

たしかにお肉を食べたあとに出るおならはくさい！ ネットでもそういうことが書いてある！

あなたのくさいおならは**肉食生活のせい!?**

ウソっぽーい！ だって、おならは、おなかの中で発生するメタンガスなのよ！ メタンガスはくさいにおいがするのよ

あ、そうか。くさくない時もあるもんね。それに、牛は草食なのに、なんでゲップはくさいんだろう？ わかんなくなってきた！

信じない！

う〜ん、そうかな？ ぼくは肉を食べてもくさくないおならが出るような気がするけど。ぼくのおならは、いつでも全然くさくないよ

メタンガス？ 地球温暖化に関係しているガスだよね。牛のゲップとも同じじゃくさいかも。でも、くさくない時は何でなの？

牛のゲップのメタンガスが**地球温暖化に関わっている？**

どうなの？リテラくん！

メタンガスが、おならの成分のひとつだということは正しいよ。でも、それがおならのにおいの原因というのは、多くの人が誤解しているポイントなんだよ。

まず、おならがどこからくるのかを知るために、食べ物の消化の流れを知っておこうね

どこからって……、おならは、おなかの中でできるものでしょ？

そうだよ！ おならが腸でできることは知ってるよ！

食べ物の消化と吸収の流れ

❶ 食べる
❷ 歯と舌でかみくだく
❸ 食道を通る
❹ 胃でとかす（消化）
❺ 小腸でさらにとかして栄養と水分を吸収する
❻ 大腸で水分を吸収する
❼ 残ったものをこう門から出す（うんち）

消化器でじっくりと処理される

食べた物の大部分は、小腸で消化・吸収されてしまいます。大腸では、その残ったカスを最終的に処理して、はいき物としてまとめています。そこに、腸内細菌の死がいなどが合わさった物がうんちです。

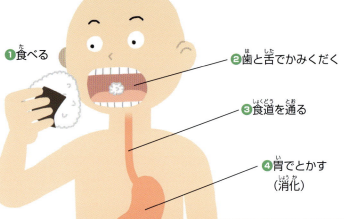

小腸と大腸の役割分担

小腸 約6m / 消化して吸収 / 細菌 / 水をしぼる / 大腸 / 小腸で消化できなかった食物せんいなど / 大腸にすむたくさんの細菌が、食物せんいなどを分解する。

食べ物の消化には、だいたい1〜2日かかる。食べ物の栄養や水分の吸収は小腸で行われ、大腸では、さらに水分をしぼってうんちをつくる。

大腸の中で、お肉のカスからくさーいガスが発生するのよ！

細菌がガスを出すから、おならはくさいんじゃ……

いや、そーとは限らないよ

おならは何からできているのか？

見てごらん！
プ〜

血液からしみ出たガス 20%

大腸で発生したガス 10%

? 70%

実は、ほとんどがただの空気!!

おならのほとんどはにおいのない気体

おならの成分は、腸内でできたものはほんのちょっとです。成分のほとんどは、ちっ素、酸素、メタン、二酸化炭素、水素などの気体で、これらににおいはありません。

えー!? ウッソー!?
じゃあ、どこからきたの？

おならの空気は口から入った

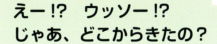

食べる時や飲む時に、かなりの空気が同時に飲みこまれている。飲み物の水分にも空気がふくまれている。その空気が口から出るのがゲップで、腸まで入りこむとおならのもとになる。

ゲップ
空気
空気
おならへ

ええ？ メタンガスも無臭なの？ おならのにおいはメタンじゃないの？

じゃあ、大腸の中を見てみようか

水分
水分がぬける
善玉菌や悪玉菌などの腸内細菌がうんちをつくる
悪玉菌
善玉菌

肉のカスがあると、好物とする悪玉菌が食べて、スカトールなどのとてもくさい物質を出す。

悪玉菌が多いと、くさいうんちになる。

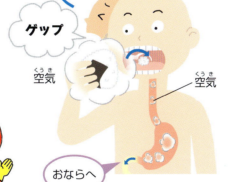

うんちのことはわかったけど、おならとどう関係があるの？

うんちの材料が来た！　発酵させてうんちにするぞ！　くさらせてうんちにするぞ！

食べた物に、にんにくやネギなどのイオウ分をふくむ物があった場合も、くさいうんちになる。

知りたい君は次のページへGO!!

おならとうんちの関係

くさくてごめんね

おなら　うんち

においのないうんちはないので、うんちのすぐ近くに、おならがあるとくさくなる。

となりにうんちがいないから、くさくないよ！

同じ人でも、くさい時とくさくない時があるというのは、まさに運（うん）！

大事なのは、肉ばかり食べているかどうかじゃなくて、おならがどこにいたかによるんだね！

運の悪いおならのにおいをおさえるには……？

肉を多くとる人は、肉のたんぱく質をエサにする悪玉菌が増えて、うんちがくさくなるので、おならもよりにおいが強くなりがちです。

においの度合いをおさえたいのなら、善玉菌のエサになる食物せんいの多い野菜や豆、きのこ、果物などを多くとるといいでしょう。また、ヨーグルトなどの発酵食品もいいですね。

絶対メタンガスのせいだと思ってた！　それにしても、どうしてそう思ってたんだろう

どぶ　沼

メタンが発生しやすい場所にくさいイメージがあるからだよ。牛のゲップのイメージもあるし。実は、同時に発生している別のガスがくさいだけなんだけどね

リテラくんからみんなへ

聞きかじりの知識が、たまたまほかの知識と結びついてしまうと、「だから、そうなんだ！」と勝手に思いこんでしまうことがある。いったん思いこむと、それが絶対となり、「正しくない」とはみとめたくない心理も働くので注意が必要なんだ。ネットには、そんな思いこみで書かれた情報も多いんだよ。

思いこみってなんかちょっと危険だね！

インフルエンザの予防にマスクは効果がない？

信じる！

インフルエンザのウイルスの大きさは、マスクのすき間に比べたら、すごーく小さいって書いてあったよ。だから、するっと通りぬけちゃって、つけるだけムダだよ！

マスクなんて効果がない！

気持ちの問題だよ。大きさ的に、防げないものは、防げないよ！ マスクで鼻やのどを冷たい空気から守ることで、ふつうのかぜくらいは予防できるらしいけどね！

信じない！

効果があるから昔からみんなが使い続けているわけでしょ。効果がないならとっくに消えてるわ！

ちょっと、商品のふくろを見たことあるの？

花粉もウイルス飛まつも99%ブロック

ウソは書けないはずだから、効果はあるよ！

どうなの？リテラくん！

ネットを見ると、たしかに「マスクを信用しすぎないで」と書かれた記事があふれているね。あと、「ウイルス」ではなく、「ウイルス飛まつ」とわざわざ書いてある商品もあることに気づいたよ。これもポイントになりそうだね！

ウイルスの大きさとマスクのフィルター

ほらぁ!! ウイルスはとても小さいから、フィルターのすき間くらい、スイスイ通りぬけられるよ

ウイルス
約0.1μm

よゆうよゆう!!

すき間の大きさは
10〜100μm

でも、ウイルスはだ液や口の中のねん液にくっついて、いっしょに空中に出てくるんだ。これをウイルス飛まつというよ

よゆうよゆう!!

どっちにしても、すき間を通りぬけちゃうじゃん! 意味ないなー

ウイルスの50倍!!

ウイルス飛まつ
約5μm

たとえばウイルスをゴマ(だいたい2mm)の大きさとすると、ウイルス飛まつはソフトボール(3号・約100mm)くらいの大きさになる。

1μmは、1mmの1000分の1。ウイルスもウイルス飛まつも、すき間の大きさだけを見ればよゆうで通りぬけられる。

マスクをよーく見てごらん? 向こう側が見える?

あみ戸のあみを重ねる実験

あーっ! 布には厚みがあるもんね! フィルターも何層かに重なっているから効果があるのかあ

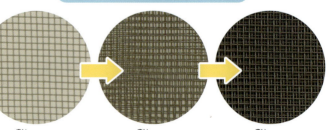

1枚のあみ → 3枚のあみ → 10枚のあみ

あみ戸のあみでも、しくみは同じ。重ねるほどあみ目は小さくなっていく。
マスクのフィルターも、十分な厚み(重なり)がある。

どんなに小さな物質も、複雑に入りくんだあみの目をすりぬけるのは、まず無理だね

もうひとつ知っておきたいことがあるよ。それはマスクの表面のこと！これを見てごらん！

うわっ、何これ！もしかしてたくさんウイルスがついている？

マスクの表面は、けっこうよごれているのね。むやみにふれないようにしよっと

ウイルスのようにすごく小さな物質は、大きなものに吸着されやすい性質があるんだ

マスクの表面にウイルスを吸着させる

ウイルスをすばやく吸着してはなさないように、特別に加工したマスクも市販されている。上の電子顕微鏡写真に写っているのは、吸着されたインフルエンザウイルス。

正しくつければ99％カットの効果があるかも！

マスクの素材の布は正しいつけ方をすれば、商品に表された通りの性能があります。でも、つけ方によっては、まったくそれが生かされません。

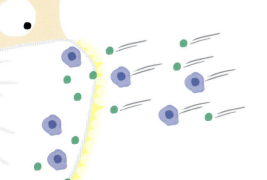

すき間があると、菌やウイルスは簡単に入ってくる。

マスクのつけ方は大事だね。でも、それだけで危険がさけられるとは限らないよ

どーゆーこと？次のページへGO!!

手からウイルス感染する？

マスクを正しくつけて、口や鼻からのウイルス感染を防いでいても、実はウイルスがついた手で口や目などにさわって、体内に入ることのほうが多いのです。

インフルエンザにかかったら、ウイルスを広げないようにすることも大事。マスクで飛まつが外に出るのをしっかり防げます。

せきエチケット

せきやくしゃみは、ティッシュなどで鼻や口をおさえてする。

ティッシュがない時は、服のひじのあたりで口と鼻をおさえる。

手にウイルスがつくと、あちこちさわって広めてしまうことになるので、手でおさえない。

もちろん手洗いも大事。

すき間ができない正しいマスクのつけ方

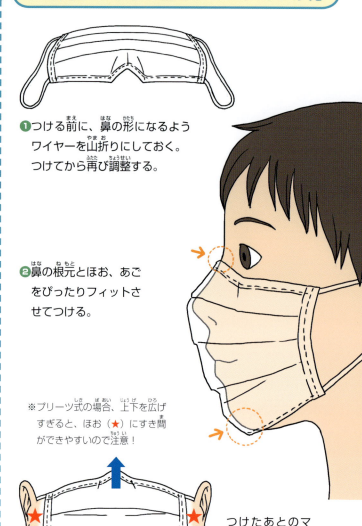

❶つける前に、鼻の形になるようワイヤーを山折りにしておく。つけてから再び調整する。

❷鼻の根元とほお、あごをぴったりフィットさせてつける。

※プリーツ式の場合、上下を広げすぎると、ほお（★）にすき間ができやすいので注意！

つけたあとのマスクをさわった手であちこちをベタベタさわらないようにする。

リテラくんからみんなへ

「ウイルスの大きさとマスクの目のあらさ」の一点だけをデータで示されると、信じてしまいたくなる。ただそれは、一面的な見方。よく考えてみれば、マスクが超極うすの布一枚のはずはないし、「吸着」の視点も見落とされている。何事も、「多面的に見る」視点を忘れないようにしよう。

お酒は飲めば飲むほど強くなる？

信じる！

「お酒に強くなる方法」はネットでたくさん紹介されているよ！　ほらこんなに！

お酒に強くなる方法
約667,000件

もちろん、子どもがお酒を飲むのは法律で禁止されているし、飲まないけどね

それは「アルコール分解酵素の働き」のことだよね？　最近の研究では、お酒を飲んできたえると、別の酵素がアルコールを分解するようになるって書いてあるよ！

ミクロソームエタノール酸化酵素でお酒に強くなれる！

信じない！

えー！？　お酒を飲めない人はたくさんいるよ。それに、お酒に強いかどうかは、遺伝的に決まっていて、変わらないと書いてあるページも多いよ！

お酒に強いかどうかはDNA次第！

酒に強い体質・弱い体質は遺伝する！？

そうなの？　でも飲めない人が無理して飲むと、体をこわしてしまいそうだけど……

どうなの？リテラくん！

「最近の研究でわかった」「新事実」などという言葉といっしょに語られる話は、話題になりやすいし、「最新の情報」なら信じられそうな気もするね。どうだろうか？

まず、お酒を飲むと体の中で、どんなことが起こるのか、知っておこう！

肝臓はココにある！
胃の右ななめ上にある体内最大の臓器。体内に入ってきた物質を分解して処理するので「化学工場」ともよばれる。

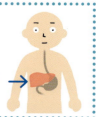

肝臓がフル回転で処理する

お酒を飲むと酔いますが、これはお酒にふくまれているアルコールという物質が原因です。飲んだアルコールは、血液中に吸収され、肝臓に運ばれて分解されます。アルコールを分解して血液中から取りのぞかないと、いつまでも酔い続けます。

アルコール（エタノール）をだいたい* 取りのぞいた血液を心臓に送る

*肝臓を一度通っただけでは分解しきれないので、何度も同じ処理をくり返している。

下大静脈

肝臓

肝臓の中で起きていること

ADHです！アルコールを分解するよ！

肝臓の中にある酵素が、アルコールを分解している。そのとちゅうにできるアセトアルデヒドが、二日酔いなど体に悪い働きをする毒となる。さらに酵素で分解が進むと無害な酢酸になる。

アルコールです！

アルコール脱水素酵素（ADH）

アセトアルデヒドに変身！

アセトアルデヒド脱水素酵素（ALDH2）

ALDH2です！アセトアルデヒドを分解するよ！

酢酸*になっちゃった！

毒になるってこわいね。肝臓はだいじょうぶなのかな？

門脈

小腸から吸収したアルコールが血液に乗って流れこむ

*全身の筋肉中で分解され、肺や腎臓で、水と二酸化炭素に分けられ、排出される。

酵素とは
酵素は、消化管の中で食べ物を消化したり、肝臓の中でアルコールや薬物などを分解（代謝）したりする働きがある。酵素はたくさんの種類があり、消化や分解するものに対してふさわしい酵素がそれぞれ対応するようになっている。

*子どもは、体が小さく分解する力も弱いので、アルコールは体に悪いのです。

つまり、酵素を多く持っていれば、お酒に強いってこと？

いいや、量ではなく、働ける能力のちがいによるね！

アセトアルデヒドの分解能力は遺伝で決まる

アセトアルデヒドは、頭痛や体が赤くなる原因となる物質で、発がん物質でもあります。早く体内からなくしたいのですが、これを分解するALDH2という酵素には3タイプあり、分解する能力のちがいが、お酒に「強い」「弱い」となってあらわれます。どのタイプかは親からの遺伝によって決まっていて、あとから変化することはありません。

ALDH2の3タイプ

 活性型 強い！
 低活性型 弱い
 不活性型 飲めない

きちんと働きます — 飲みはじめから分解できるので、赤くならず、「お酒に強い」タイプ。

あまり働けないかもしれない — 飲みはじめてすぐは分解が進まず、体が赤くなる、「お酒に弱い」タイプ。

ごめんね、ほとんど働けない — 少しでも飲むと赤くなったり気分が悪くなったりするので、「お酒が飲めない」タイプ。

日本人（モンゴロイド）における割合

| 活性型 56% | 低活性型 40% | 不活性型 4% |

ということは、お酒に強いのは「活性型」のALDH2を持っている人ということね

お酒を飲んだ時に、具合が悪くならないということで判断するならね

人種によるちがい
活性型のALDH2を持つ人の割合は、日本人などの黄色人種（モンゴロイド）ではおよそ56%ですが、白人や黒人ではほぼ100%。つまり、日本人に比べて気分が悪くならずにお酒をたくさん飲める人種といえます。

でも、最近の研究では、分解する酵素が働けないと、別の酵素が代わりに働くようになるから、お酒を飲んでそれをきたえよう、と言っているよ！

うーんこれは、いわゆる**最新研究結果を都合よく取り上げている**意見かもね

ホントだ！

えっ!?　まちがっている情報なの？

ミクロソームエタノール酸化酵素（MEOS）をきたえれば、お酒に強くなれる！

どーゆーこと？次のページへGO!!

新登場のMEOSって何？

MEOS：「いつもは薬などの分解を担当する酵素です！」

アルコール

「ぼくらではもう無理！」

分解する酵素の能力の限界をむかえると……

「手伝うよ！」「ありがとう！」

MEOSが、分解を助けるようになる。

「MEOSがアルコールやアセトアルデヒドを分解すると、ふらつきや感情の高ぶりなどがおさえられるらしいよ」

「それで、なんとなくお酒に強くなったと感じるんだね」

飲めるようになったからといって……

不快感がなくなったとしても、有害物質の処理が完ぺきにできるようなったとは限りません。酔いを感じないからといってたくさん飲むと、肝臓の病気やがんになるなど、危険も増えてしまいます。

そう簡単には酔わなくなってきた！

「問題はもっとあるわ。逆にMEOSを働かせすぎたら、薬の分解ができなくなってよくないとか……!?」

リテラくんからみんなへ

科学の研究が進んで、これまで知られていなかったことが、新たにわかる例はけっこうある。そういう話は、センセーショナルだから、丸ごと信じてしまいがち。また、都合よくとらえて発表する人もいるから、複数の情報を読み比べて、多面的に理解することが大切だよ！ そもそも、お酒に「強くなる」ことは、えらいことでもなんでもないんだよ。

「そうだね。それに、こういうことがアルコール依存症に結びつくんだ。依存症のこわさも調べておこうね！ そして、自分だけでなく家族がそうなったら、ということも考えてみよう」

炭酸飲料をたくさん飲むと、骨がとける？

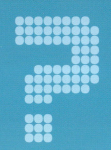

信じる！

コーラを飲むと骨がとけるっていうのを見たことがあるよ！

コーラは骨をとかす!?

いやいや、飲んでから体に吸収されて骨をとかすんだと思うよ！
お酢を飲むと、体がやわらかくなるって言うでしょ？

カルシウムの吸収をさまたげるのが問題だった!!

それにコーラは、カルシウムの吸収をできなくするって書いてあるし！

信じない！

でも、骨って体の中にあるから、コーラを飲んでも、直接骨にはふれないよね？

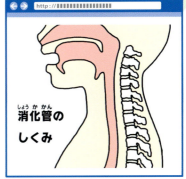
消化管のしくみ

えー、そうなの？ カルシウムは骨をつくる栄養素よね。やっぱり、骨に悪いのかなあ……。歯も心配だよね

どうなの？リテラくん！

たしかに、体の中で炭酸飲料（コーラ）が骨を直接とかすとは考えにくいよね。でも、カルシウムの吸収の話になると、簡単には判断できないな。それに、骨とは別の大きな問題もかくれているんだよ！

まず コーラで骨がとけるのかためしてみよう！

ネットで見たという、「コーラで骨がとける」をたしかめると……

用意するもの
- ニワトリの骨（手羽中）
- コーラ
- 水・お茶など（比べたい液体）
- ガラスの容器
- たこ糸
- ペットボトル

実験方法
1. ガラス容器にそれぞれコーラや水などの液体を入れる。
2. それぞれの容器にニワトリの骨を入れ、置いておく。
3. 1日ごとに、様子を観察する。

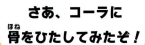
さあ、コーラに骨をひたしてみたぞ！

2週間目
とけているかわからない

そこで、重いものをつるしてみると……

折れた！

水 / お茶

2週間目
変わらない

どちらも折れない

ほらね！とけなくても、コーラで骨は弱くなるんだよ！

とけるというより、やわらかくなっているという感じかな

実はお酢でも同じようになるよ！それもコーラよりかなり強力だ！

「酸」が骨をやわらかくする

骨をやわらかくしたのは、コーラにふくまれている「酸」です。酸は、レモンや酢などで感じる「すっぱさ」のもとのこと。コーラは、味つけに酸が使われているのです。

液体は、酸性、中性、アルカリ性に分けることができ、アルカリ性のものは、「しぶい」味がします。

でもやっぱり、体の中で骨はむき出しにはなっていないから、関係ないんじゃない？

もしかしたら、血液が関係しているのかもしれないから、コーラを飲んだあとの血液を調べてみようか

コーラを飲んだあとの血液を調べてみたよ！

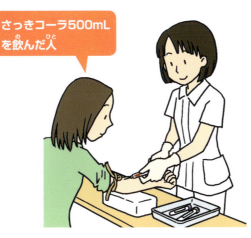

さっきコーラ500mLを飲んだ人

コーラを飲む前と、コーラを飲んでから30分後にそれぞれ血液を採取してもらう。

飲む前 pH値 7.40

↓

飲んだあと pH値 7.39

ほとんど変わらない！

酸性とアルカリ性

酸性、中性、アルカリ性の度合いを示すものを「pH」とよび、数字で表す。水などの中性のものはpH7で、そこから0に近づくほど酸性、14に近づくほどアルカリ性を示す。石けんなどはアルカリ性で、pHは9～11となる。

血液は変化しないのか！それなら骨をとかすことはないんだね！

体をほぼ中性に保つ機能

人間の血液は、ほぼ中性「pH7.35～7.45」が正常値です。7.0以下になると昏睡し、7.7以上になるとけいれんを起こしますが、何か大きな要因がない限り、変化しても元にもどります。それは、人間の体が、正常値を保つようにできているからです。そのため、コーラや酢を飲んだとしても、血液のpHはそう変わることはありません。

もうひとつの話題に出ていたカルシウムの吸収についてはどうなの？

カルシウムの吸収については、コーラにふくまれている「ある成分」が関係しているんだ

知りたい君は次のページへGO!!

これのことでしょ？

コーラにふくまれるリン酸がカルシウムの吸収をさまたげる！

そう！「リン酸」がよくキーワードとして取り上げられているよね

リン酸

でも、コーラを飲んだだけで、本当にこんなにリン酸が増えるの？

だよねぇ～

この記事で言っていることそれぞれは、科学的にはまちがっていないんだけど、ひとつの流れで見ると、**現実的じゃない**んだ

こんな一気に出ないよね

たしかにわざと**大げさに言っている**ようにも思えるね！

大げさにして伝えることで注意をうながしていると考えることはできるけどね

この記事が主張していること

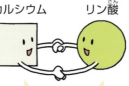

カルシウム　リン酸

いつも同じくらいの量でいようね！

1 リン酸はもともと血液中にふくまれていて、カルシウムとだいたい同じ量が正常値。だから、バランスが大切だ。

2 リン酸を多くふくむコーラを飲むと……。

君たち増えすぎ！
待って！
あれれー

3 血液中のリン酸の量が増え、カルシウムとのバランスがくずれる。すると、腸でのカルシウムの吸収率も悪くなってしまう。

カルシウムを増やさなきゃ

4 血液中のカルシウムが足りなくなると、体が反応して「どこかからカルシウムを補給しろ！」と命令する。

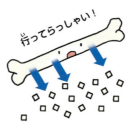

行ってらっしゃい！

5 カルシウムをたくわえていた骨から血液の中へと、次つぎとカルシウムが放出されていく。

バキッ！
なんてことに！

6 リン酸が多い状態が続くと、カルシウムが出続けて骨がもろくなり、ちょっとしたことで折れやすくなる。

リン酸とは

リンは、体の機能を調整するミネラルのひとつ。リン酸はリンと酸素が結合したもので、植物や食品にふくまれるのは、リン単体ではなく、たいていはリン酸。

リン酸は悪者なの！？

リンは、体に必要な栄養素であり、リン酸も悪者ではありません。ただ、リン酸のひとつである「リン酸塩」が、加工食品に添加物として入っていることが多いので、加工食品を食べながら炭酸飲料を飲む食生活をしていると、リン酸のとりすぎになってしまうおそれがあります。

リンやリン酸を多くふくむ食品
（100gあたり）

中華めん（100mg）　インスタントラーメン（110mg）　ハム（340mg）　ソーセージ（190mg）

卵黄（570mg）　チーズ（330〜730mg）　チョコレート（240mg）

ポイント1 とりたててコーラだけが悪いのか？

「コーラを気にしていてもほかの食品でとるほうが断然多いかも？」

ポイント2 どれだけ飲むとダメなのかあいまい

1日の食事でとるリンの基準

10〜11歳　（男）1100mg　（女）1000mg
12〜14歳　（男）1200mg　（女）1100mg
成人　　　（男）1000mg　（女）800mg

「日本人の食事摂取基準」（2015年版　厚生労働省）より

「コーラは500mLでリンが約55mgだって！そんなに多いわけじゃないんだね！」

「でも、カルシウムの吸収に関わっていることはたしかだから、注意が必要だってこと？」

「コーラが骨をとかすことはないけど、たくさん飲む食生活の人は、バランスを欠いているのかもしれないから、気をつけようってことね！」

ポイント3 カルシウム不足の問題かも

日本人はカルシウムが不足しがちという事実があり、そこにリン酸が増える生活は当然よくない。こうした情報を知らせたいために、「コーラが骨をとかす」と、あえて大げさに表現して興味を引こうとしているのかもしれません。

「もうひとつ注意してもらいたいことがあるんだよ！」

知りたい君は次のページへGO!!

酸しょく歯とペットボトル症候群

だらだらと炭酸飲料を飲み続けていると、こんなことになっちゃうかも！

飲み物の酸が原因の 酸しょく歯

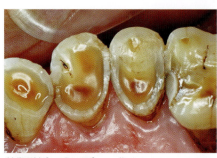
酸性飲料を飲み続け、歯ぎしりのくせのある人の歯（茶色は象牙質）

歯の表面のエナメル質はじょうぶでも、酸にとけやすい性質があります。長く炭酸飲料など、酸の強い飲料を飲み続けていると、口の中のpHが酸性にかたむいて、気がつくと歯がとけているかもしれません。

健康のためにお酢を毎日飲んでいるパパに教えてあげなくちゃ！

食品や飲み物の酸性度

高い ←

pH	2	3	4	5.5	6	7
	レモン汁／コーラ	酢／スポーツ飲料	オレンジジュース	トマトジュース／紅茶	緑茶／牛乳	麦茶／水

飲み物の糖分が原因の ペットボトル症候群

炭酸飲料に限らず、ソフトドリンクやスポーツドリンクのような、糖分の多い飲み物を毎日何本も飲んでいると、急性の糖尿病＝ペットボトル症候群になるかもしれません。突然意識を失ってたおれたり、死んでしまったりすることもあります。

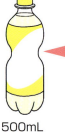
500mL

砂糖が約55g
スティックシュガー18本以上！

こんなに糖分が入ってるんだ！

リテラくんからみんなへ

都市伝説的なうわさは、ウソか本当か関係なく、見つけた人がおもしろさから、次つぎと発信して広めてしまうケースが多い。大切なのは、うわさを見たり聞いたりした時に、疑問を持つこと。リン酸とカルシウムの関係も、体内での消化吸収などが複雑にからんでいて理解しにくいけど、疑問を持って調べてみることで、何に気をつけるべきかを知るきっかけにはなるよね！

タバコは自分で吸うよりも、周りの人のほうが害が大きい？

信じる！ | 信じない！

「受動喫煙」って言葉をよく聞くし、ネットにもその害を説明する記事がたくさんあるよ！

ストップ！
受動喫煙！

主流煙よりこわい
副流煙

よく見るけど、やっぱり自分で吸うほうが害はあるんじゃないかな？　いくらなんでも、周りのほうが害があるってことはないと思うよ

フィルターで有害物質を取りのぞいているんだから当然、本人の危険性はへっているんでしょ？　周りの人はタバコの先から出るけむりを吸っているわけなんだから！

やっぱり、くり返し吸っている本人がいちばん害が大きいと思うけどなあ

害があるのに
タバコがやめられないのは
依存性のせい！

どうなの？リテラくん！

タバコの害は、吸う本人にも周りにも害があるということは証明されているし、みんなも知っているよね。受動喫煙の場合、フィルターを通していない「副流煙」の危険性は、たしかに高そうではあるね。

知っていると思うけれど、タバコのけむりには、主流煙と副流煙の2種類があるよね

けむりのように目に見えるのは
超小さいつぶ状の物質

けむりには、一酸化炭素や二酸化炭素などの目に見えないガスもふくまれています。見えているのは、タールやニコチンのようなつぶ状の物質です。これらには強い害があります。

タバコのフィルター

吸う前　　　　　吸ったあと

喫煙者が吸いこむけむり。くわえている部分にあるフィルターに有害物質を吸着させることで、その量をへらしている。

タバコの火元から出るけむり。フィルターを通さないので、主流煙より多くの有害物質が出る。

肺に入り、一部はまた体外へ出る

ひとりが吸っているところに何人も吸わない人がいたら、害を受ける人は増えていくよね

それは「害の大きさ」ではなく「害の広がり」のような……

喫煙がもたらすさまざまな病気

例えば、発がん物質であるタールは、肺がんや咽頭がんなど、全身にがんの危険をもたらします。血液が酸素を運ぶのを邪魔する一酸化炭素は、脳を酸欠状態にし、また、動脈硬化による心筋梗塞や脳卒中などの原因となります。吸い続けると、肺や気管支が常に炎症を起こす慢性閉塞性肺疾患（COPD）や歯周病にかかりやすくなります。

ほら！ やっぱり副流煙のほうが体に大きな害があるのよ！

この数値だけを見てそう言っているのかな？それは答えを急ぎすぎているよ！

結局、吸う人のほうがけむりを多く吸っている

フィルターを通している分、主流煙のほうが有害物質が少ないといえます。でも、けむりを大量に深く吸う危険ははかりしれません。また、副流煙にも常にいちばん近いところにいて、最も多く吸うのは、当然吸っている本人なのです。

副流煙にふくまれる有害物質の量
〈主流煙に対して〉

ニコチン　2.8倍
タール　3.4倍
ホルムアルデヒド　50倍
アンモニア　46倍
カドミウム　3.6倍
ニトロソアミン　52倍
ベンゾピレン　3.7倍
一酸化炭素　4.7倍

軽いタバコならOKなの？

軽いタバコのフィルターは、穴があいていて、周りの空気も吸いこむため、機械で測定すると有害物質の濃度は低い。ただし、穴は指でふさぎやすい場所にあるうえ、深く吸いこんだりすると、体に入る有害物質の量は増えるので、危険性が低いとはいえません。

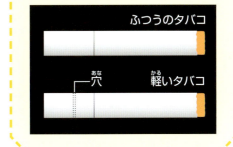

けむりには200種類以上の有害物質がふくまれている。

タバコの依存性

原因はタバコにふくまれるニコチン。ニコチンが脳に気持ちよさを感じさせるため、次第に吸わないとイライラするようになり、やめられなくなる。依存症になるとやめるのは難しく、禁煙をすすめる人が敵のように見えてしまうこともある。最初から吸わないのがいちばん簡単だといえる。

どっちにしても吸わない人に有害物質を吸わせるのは大問題だよね！

マナーとして、人の近くで吸わないように気をつける喫煙者も増えているよ。でも、そこにも実は問題があるんだよ！

どーゆーこと？次のページへGO!!

サードハンドスモークの害

三次喫煙の害というものがあることがわかってきたよ！

タバコの有害物質はかなり強力だということね……

赤ちゃんには特に心配だね……

吸ったあとでも有害物質が残る！

体や衣類、家具、カーテン、車内などについたけむりが有害物質として残り、それが放出されることをサードハンドスモークという。タバコを吸い終わったあと、喫煙ルームを出入りする人の衣類やかみの毛には大量に付着している。また、外で吸っていても、その後、40分くらいは呼気から有害物質が出続けることも覚えておこう。人によってはごくわずかな有害物質でも、体に不快な症状が出ることがあるので注意が必要（化学物質過敏症）。

リテラくんからみんなへ

タバコの問題に限らず、害をあたえる側と受ける側に分かれる場合、受ける側の情報の示し方が大げさになったり、感情的になったりすることもある。逆にあたえる側も、感情的になったり、「害はほとんどない」印象を持たせ、害をあたえた責任をさけるための情報を流すこともある。どちらが正しいのかの判断は難しいこともあるけど、さけられる害をさけるための知識は持っておこう。

知っておきたいネットのこと
あやしいネット情報の見分け方 のコツ

ネットの情報は、本当のことかわかりづらいし、大人でも見分けるのは難しい。
だから、どういうところに注意して記事を見ればいいのか、
コツだけでも知っておくといいですね。

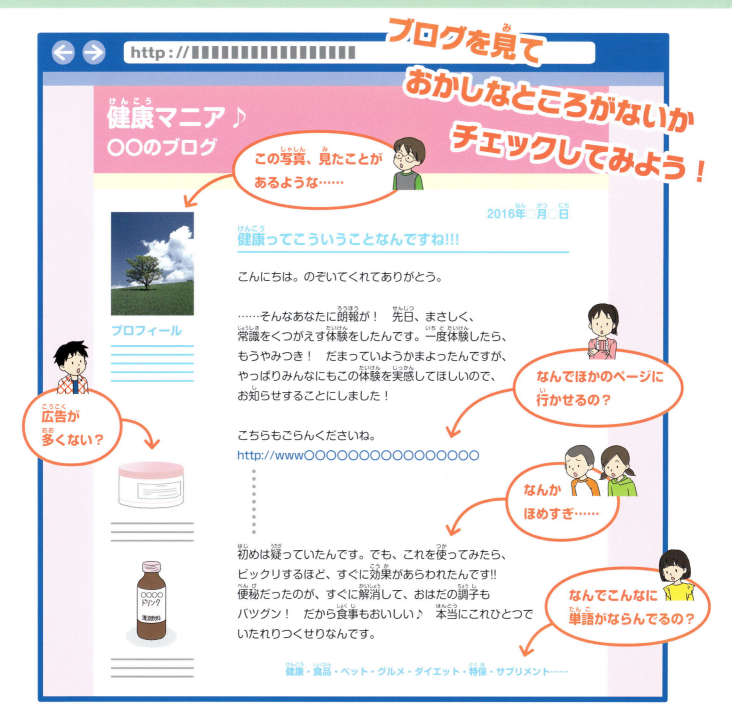

実は、こんなことがかくされているよ……

健康〇〇

プロフィール

健康ってこういうことなんですね!!!

こんにちは。のぞいてくれてありがとう。

……そんなあなたに朗報が！ 先日、まさしく、常識をくつがえす体験をしたんです。一度体験したら、もうやみつき！ だまっていようかまよったんですが、やっぱりみんなにもこの体験を実感してほしいので、お知らせすることにしました！

こちらもごらんくださいね。
http://www〇〇〇〇〇〇〇〇〇〇〇〇〇〇〇〇

初めは疑っていたんです。でも、これを使ビックリするほど、すぐに効果があらわれ便秘だったのが、すぐに解消して、おはだもバツグン！ だから食事もおいしい♪ 本当にいたれりつくせりなんです。

健康・食品・ペット・グルメ・ダイエット・特保・サプリメント……

ブログの内容とはまったく関係のない写真は、無料で使えるライブラリー写真であることが多い

ほめちぎったコメントばかりの場合、お金をもらって記事を書いている可能性がある

URLをクリックすると、特定の商品のホームページや通販のページに飛んでいくのは、あきらかに広告目的！

記事の内容にあまり関係ないようなものもふくめてキーワードがやたらと入力されているのは、検索エンジンで引っかかるようにするため！

やたらと広告が多くはってあるのは、このブログでお金をかせいでいるから。閲覧回数をかせぐために、人が飛びつきやすい記事をあげていることが多い

だまされない！ 個人ブログのチェックポイント

チェック1

ほかの日をチェック！
日記のように書かれているブログなら、ほかの日に何を書いているのかを見てみよう！

★ほかの日はほとんど書いていないなど、本当に日記なのか、日記のふりをしているのかがうかがえる。
★本人が実際に体験したり学んだりしたことか、単にほかで見つけた情報を横流ししているだけかがうかがえる。

チェック2

検索してチェック！
証拠の写真がはってある場合、その写真の情報に「ねつ造」というキーワードを加えて検索してみよう！

〇〇でやせる　ねつ造

★エセ科学の記事であれば、ねつ造を指摘する記事が出てきやすい。「エセ科学」というキーワードも使える。

〇〇でやせた！はねつ造!?……

ねつ造発覚！　〇〇効果はウソ！

炭水化物をぬくと、ダイエットできる？

信じる！ | 信じない！

食事の時、ごはんをぬいたらやせたという人のブログが、けっこうたくさんあるよ！

炭水化物をぬいたら −22kg！

ごはんをやめたら −10kg

ごはんよりも脂肪やあまい物をやめたほうが効果がありそうだけど。ごはんは大事でしょ？

ごはんも糖質のひとつだからあまい物をやめるのと同じだよ。糖尿病にもいいんだって！

でも、糖質って脳の栄養になるから、食べないとボーッとして動けなくなるって書いてあるよ？

お医者さんが治りょうに使う方法らしいから、ダイエットに効果があるに決まってる!!

うーん……、「炭水化物をぬけば、脂肪やたんぱく質は好きなだけ食べてもいい」ってところが引っかかるな。食べすぎたら意味ないよ

どうなの？リテラくん！

数年前から大きな論争がまき起こっている話題だよ。賛成する人がよく言うのは、「糖尿病が増えたのは、人類が稲作をはじめたため」という説。これはうさんくさいけれど、糖尿病のかん者の治りょうのために用いて効果が出ているという医師も、少なくないんだよね……。

炭水化物ぬきダイエットというのは、こういうものを食べないか、量をへらしてやせる方法だよ

ごはん　もち　パン
パスタ　ラーメン　うどん

ラーメンも食べられないのか。けっこうつらいな！つまり、おかずしか食べられないんだね

糖尿病は、腎臓の働きが悪くなったり、心臓病を引き起こしたりすることもある病気だよ。実は、その治りょうでこのダイエット法を行う場合があるんだよ

そういうことなんだ！

日本糖尿病学会が、公式にこのダイエット法は「すすめられない」という意見を発表しているんだ

日本糖尿病学会　2013年3月

★ 食事制限は、総合的なエネルギー制限であるべきで、炭水化物のみを極端に制限して減量を図ることは、安全性などのエビデンス（科学的根きょ）が不足していて、すすめられない。

★ 総エネルギー摂取量は過剰であっても、炭水化物さえ制限すれば減量効果があるというのは短らく的である。

（要旨）

もともと糖尿病の治りょうのひとつだった

炭水化物ぬきダイエットは、血糖値の管理が難しい糖尿病のかん者にとって、取り組みやすい方法として提案され、実行されていた。体重を落とすことができるので、ダイエットにもよいだろうということで広まり、世界中で行われている。

糖尿病

炭水化物が分解されてできるブドウ糖は、血液に運ばれて、脳や筋肉や肝臓などのエネルギー源になる。糖尿病（Ⅱ型）は、肥満や運動不足などにより、血液中のブドウ糖（血糖値）をコントロールするインスリンの働きが低下し、血糖値が高くなる病気。この状態が続くと、血管に負担をかけ、心臓病や腎臓病になる危険もある。

学会の人が言うんだったら、ダメなんじゃん！

でも、すすめている医師がたくさんいるから、この意見には反論が多そうだね

そのとおり！　反論している医師のブログもけっこうあるんだよ

医師たちの反論

かん者にとって食べ物全部のカロリー計算は難しいが、炭水化物ぬきは計算がしやすくていい！

腎臓病でない人が行うと、腎臓障害を起こすという科学的な根きょはない！

あきらかに効果があらわれているし、医師の診察もあるわけだから、活用するべきだ！

う〜ん、難しすぎて、よくわからなくなった……

そうだよね！じゃあぼくからこの問題について、ズバリ言わせてもらうよ！

リテラくんからみんなへ

ごはんやパン、めんなどを大はばに制限するような極端なことをすれば、体重が一時的に落ちることが多いのはまちがいないようだね。

ただし、大事なことは、このダイエット法が、糖尿病のすすんだ人が、心臓病などの危険を防ぐ治りょうのために行われるものだということ。実績のあるお医者さんの責任のある指導のもとで、血液検査などで安全をたしかめながら行うべきもので、だれもが簡単に飛びついていいものではないんだ。学会も「効果がない」とは言わずに、「提言」として「現時点ではおすすめしない」としているのは、そんな意味もふくんでいると思うよ。

医師の指導なしに中途半端に行うと、危険な状態にもなりかねないことを覚えておこう。

子どもが炭水化物をぬいた食事をするとどうなるのか

炭水化物は、体の大切なエネルギー源です。それをぬいてしまうと、体に力が入らずにふらついたり、脳の働きが悪くなったりするおそれがあります。また、このダイエット法が成長期の子どもにどんなえいきょうをあたえるのか、安全性はたしかめられていません。

ネット上でダイエットの記事をのせるのは、だいたい大人だけど、みんなは子どもだよね

でも！
子どもはちゃんと食べないといけないと思うけど、ダイエットが必要なこともあるんじゃないかな？

たしかにね。小中学生にもダイエットは関心が高い話題だよね。じゃあ、世間に出回っている、いろんなダイエットについて、ビシッとまとめて見ておこう！

大事なことだよ！

知りたい君は次のページへGO!!

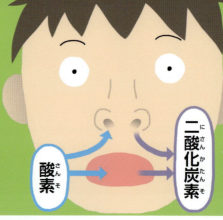

コラーゲンをとると、はだがすべすべになる？

信じる！ | 信じない！

ママはコラーゲンドリンクを毎日飲んでて、はだの調子がよくなったと言ってるよ！

→ うちの母さんも飲んでいたけど、全然効果がないって文句を言ってたよ

それは飲んだ量が少ないからじゃないの？だって効果を実感したという人がたくさんいるんだから！

→ それは商品の広告でしょ？効果がないという情報をのせるはずはないよ。科学者の意見のほうが信用できると思う。ほら！

感謝の声がたくさんよせられています!!
本当に劇的に変化！
これなしで美はだは手に入れられません！

科学者が否定するコラーゲンドリンクと美はだのウソ
コラーゲンがはだに直接働きかけることはない！

ウソなんてひどい！ 効果のない商品を売る会社なんてないよ！

どうなの？リテラくん！

最近は、特定の栄養成分を売りにした商品が多いよね。本当に効果があるのか、何を信じていいのかわかりづらいなあ。ポイントは、「薬ではない」ということだと思うよ！

はだは「皮ふ」の表面のこと。まず、そのつくりや働きを知っておこう

へえ、コラーゲンは皮ふでは真皮にしかないんだ。「すべすべ」じゃなくて「プルプル」に関係してるのね！

皮ふのつくりと働き

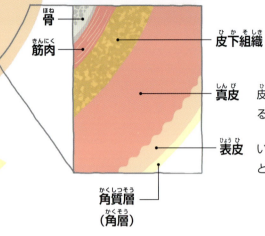

- 骨
- 筋肉
- 皮下組織：ほとんどが脂肪で、しげきを吸収し、保温の効果もある。老廃物や栄養を出し入れする静脈と動脈が通っている。
- 真皮：皮ふの本体。厚さ2mmくらいで、血管、リンパ管、汗腺がある。せんい状たんぱく質であるコラーゲンが主体で弾力がある。
- 表皮：いちばん表面にある部分で、厚さ0.2mmほど。表皮の角質層は古くなるとはがれ、28～30日周期で生まれ変わる。コラーゲンはふくんでいない。
- 角質層（角層）

コラーゲンの構造と分解

せんい状のたんぱく質

肉や魚の骨やなん骨、皮に多くふくまれている。

 鳥皮
 なん骨

 にこごり

じゃあ、食べたコラーゲンは、この真皮のところに行ってプルプルになるの？

ほら

いいや、そんな単純な話じゃないんだよ

プルプルの食べ物だね！

実は食べてもコラーゲンのまま吸収されることはない!!

コラーゲンは、約20種類のアミノ酸が1000個くらいつながったもの。消化・吸収される時は、切られて、アミノ酸やアミノ酸が2個くっついた「ペプチド」という小さなものになるので、その時点でコラーゲンではなくなっています。

コラーゲンは、そのままだと大きすぎて吸収できないので、小腸でペプチドまで小さく分解される。

これでコラーゲンじゃなくなっちゃうんだ！

でも、もともとコラーゲンなんだから、体内で合成されたらまたコラーゲンになるんじゃないの？

残念ながら、これもまたそんな単純じゃないんだな

バラバラになったコラーゲンのゆくえ

バラバラのアミノ酸やペプチドからは、何十種類ものたんぱく質がつくられる。そのひとつがコラーゲン。

コラーゲンが分解されたペプチドは、体内で再びコラーゲンになりやすいが、できたコラーゲンのうち、はだの材料になるのはごく一部！

骨

皮ふ（真皮）

眼球

関節（なん骨）

コラーゲンを必要としている主な部位

体をつくるたんぱく質の3分の1はコラーゲンで、全身の細胞が必要としている。

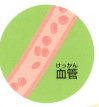
血管

肉を食べない草食動物でもコラーゲンをつくることができる

草食動物は、コラーゲンをほぼ食べないのに、体内でコラーゲンをつくり出しています。つまり、材料のアミノ酸は、ほかの動物の肉を食べてとらなくてもいいということです。

コラーゲンがはだにどれだけ配分されるかは、遺伝子が決めているから、食べた分だけはだに使われるわけではないよ

じゃあ、この記事の愛用者のコメントはウソ？ 効果はないの？ ママの実感は？

わたしたち実感してます!!

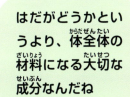
はだがどうかというより、体全体の材料になる大切な成分なんだね

なん骨もコラーゲンが使われてるのか〜!!

実はその記事の本文にはひと言も「美はだに効果あり」とは書いていないはずだよ！

あ——ほんとうだ!!

どーゆーこと？ 次のページへGO!!

「実感できる」「体感する」「めざせる」「信じたい」とかあるけど、はっきりと効果があったとは言ってないね

気づかなかったー！広告なのに変だね

＊個人の感想を否定するものではありません。

1日1本でみずみずしいはだを実感できる！

おかげさまで **500万本出荷！**

みなさんはもう体感されましたか？
このコラーゲンドリンクの実力を！
ねる前に飲む生活をスタート！
翌朝のハリのあるおはだの喜びを
ぜひ実感していただきたい！

このドリンクで美はだを手に入れられると信じています！

＊個人の感想です。

千葉県　山本さん

日本の法律では、健康食品の広告や説明には「効果」は入れられないんだ。その代わりに利用者の「実感」をのせることで**商品に効果があるように見せている**んだ！

「効果」を言ってはいけないのか！

「気持ち的」に効果があることも

「せっかくお金をかけているんだから」と、はだの手入れがていねいになったり、紫外線をさけるようになったり、よくねたり……。「精神的な効果」はあるといえます。栄養がうまくとれない人にとっても、「多少効率がよい」かもしれませんが、あくまで薬ではなく、食べ物なので、即効性は期待できません。

リテラくんからみんなへ

健康にまつわる記事は、きちんとした情報ももちろんあるけど、多くは商品を「売るため」に書かれている。ネットの場合は、業者ではない人の「感想」が、個人の日記（ブログ）などの形で「すごい薬効！」のように書かれることも多くある。でも、これらは法律でとりしまりを受けないから、大げさで巧妙な表現になっているので、注意しよう。

歯みがきは、食後すぐよりも少し時間がたってからがいい？

信じる！

食後は口の中が酸性になるから、歯が傷つきやすいって言ってた！
だから、歯みがきはちょっと待ったほうがいいらしいよ！

酸性の歯は傷つきやすい！

まちがってるんだよ！テレビの科学番組で歯がぼろぼろになった人を見たよ。その実験でも口の中が酸性の時は歯がやわらかくなってたもん！

信じない！

でも、学校の先生は「3度の食事のあと、3分以内に、3分間歯みがきしよう！」って言ってるよ！ まさか先生がウソを教えるなんてことないよ！

そうなの……？ あれ？ネットでは「その番組の『食後すぐの歯みがきはダメ』は広まったけど、それはまちがい」って書いてあるよ！

どうなの？リテラくん！

ネットでは、情報の賛否がきっぱり分かれてるね。しかも、どちらの主張も、現役の歯科医師たちが言っている。これは難問になりそうだ……。

「食後すぐにみがかないほうがいい」という情報は、テレビ番組がきっかけで広まったそうだけど、どういうこと？

これには、食事をすると「歯の表面がとける」という事実が関係しているよ

まず
食後すぐの歯の様子を見てみよう

歯のつくり

エナメル質
歯の表面をおおう白い部分で、体の中で最もかたい。ほぼリン酸とカルシウムでできている。

象牙質
歯の内部の組織、骨と同じくらいのかたさで弾力性もある。

毛細血管や神経

歯ぐき

食べ物

酸
リン酸
酸
酸

ミュータンス菌（歯こうの中にうじゃうじゃいる）

食べカス

歯の表面がとける

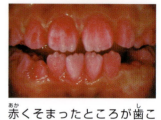
赤くそまったところが歯こう。歯こうは、ミュータンス菌（むし歯菌）などの菌と、その菌が食べカスをもとにつくり出したもののかたまり。

食事の直後から食べ物の酸やミュータンス菌が出す酸が、歯の表面のエナメル質をとかしはじめる。菌が多ければそれだけとけやすくなる。

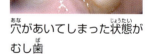
穴があいてしまった状態がむし歯

だから学校でも食後すぐの歯みがきをすすめているんだ！

ん？ 時間がたつとどんどんとけていきそう！「すぐ」にみがかなきゃ！ 時間を置いてからなんて意味不明……

歯こうは、早くとりのぞけば酸もできないからね。しかも、それだけじゃない効果もあるんだ

3・3・3運動
1日3回、食後3分以内に3分間、みがきましょう！

実はこのあと、だ液の働きで、とけ出した成分をおぎなうから、歯のかたさはもどるんだ

歯はいつもとけたりもどったり

酸性 とける ←行ったりきたり→ とけない(かたまる) 中性

- ミュータンス菌が増える食事後
- おやつやあまい飲み物をとったあと

・だ液
・歯みがき

グイッ　だ液パワー

だ液くん、すごーい！

リン酸
カルシウム

カルシウムがとけ出してやわらかくなっている（脱灰している）歯に、だ液がかかる。

だ液の中のカルシウムが歯にしみこみ、再びかたい歯にもどる（再石灰化）。

歯こうを落とすと、だ液が直接歯にふれるから、早めにみがくのがいいんだね！

なのに、なんでおそいほうがいいだなんて……？

ところが!!

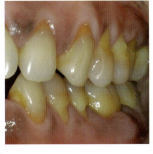

くさび状欠損
歯の根元がけずれてしまっている。酸のえいきょうなどで、歯が傷つきやすい時にゴシゴシみがくことが原因とされる。

テレビ番組で話題になったのは、こんな歯の状態なんだ

わわっ!!
なにこれ！
ひどい歯

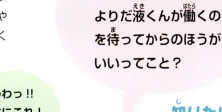
わかんなくなってきた……食後すぐにみがくよりだ液くんが働くのを待ってからのほうがいいってこと？

知りたい君は次のページへGO!!

47

テレビで紹介されたのはこんな内容……

くさび状欠損の進み方

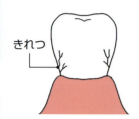

かみ合わせが悪い人は歯のエナメル質に負担がかかり、細かなきれつが入る。すると、歯みがきでけずれて象牙質が出てきてしまうことも。

エナメル質に守られていない象牙質は酸に弱いので、とけやすい。その状態で強く歯みがきをすると、さらに進行してしまう。

象牙質とだ液の関係

歯の象牙質の部分を炭酸飲料に5分つけただけで、10％以上もやわらかくなってしまう。

それを今度はだ液につけると、40分ほどでもとのかたさにもどる。

だから、実験した83歳の女性は、食後1時間たって歯みがきするのに、おどろくほどじょうぶで美しい歯！

「なるほどー、すぐじゃないほうがいいってこと？」

いやいや
この実験の内容に対して、歯科専門の学会では、こんなコメントを出したんだ

食後の歯みがきについて
日本小児歯科学会

● 報道された実験は、エナメル質ではなく、象牙質を酸性炭酸飲料にひたしたあとの歯で行っている。しかし、実際は酸に強いエナメル質におおわれているので、酸の浸透は象牙質よりずっと少なく、むし歯に関することとは結びつけられない。

● あくまで酸しょく歯（28ページ）の人に対する実験であり、食べ物の酸や歯こう（ミュータンス菌とエサになる糖質）を取りのぞくために行う小児の歯みがきに当てはめることはできない。
（要旨）

さらに！
歯医者さんやネットニュースでは……

○○歯科 院長

「食後30分は歯をみがいちゃダメ？」
そんなことはありません！
そもそも象牙質で実験していることがおかしいのです……

「食後すぐの歯みがきNG説」に
歯科学会「根きょなし」と否定

「食後すぐの歯みがきは歯をとかす」に
日本小児歯科学会がNO

番組を否定する記事がこんなに！

う〜ん
テレビがまちがえることもあるんだね

それはどうかな？

実は！

テレビ番組では子どもたちが誤解しないように、だれを対象としているかなど、何度もくり返し伝えていたんだ

高齢者や歯周病の人は
エナメル質
象牙質
歯ぐきが下がって象牙質が出てきてしまう。そういう場合は、歯がとけやすいので注意するように。

だから実験もわざわざ象牙質で行っていたんだね

音声

くり返しますが……

確認しておきますけど……

歯がエナメル質でおおわれている健康な歯の人は、食後すぐみがいてもいい

字幕

なーんだ。ちゃんと大事なことをきちんと伝えていたんだね

きちんと「健康な歯の人は食後すぐ」という情報も字幕までつけて念おししていたんだよ。だから、学会でも、ちゃんとこのように発表しているんだ

じゃあ、どうして「テレビはまちがっていた」ということになっちゃったの？

結論としては……
学校などでの歯みがきの指導は、これまで通りの方法（食後早めの歯みがき）で問題ありません。

知りたい君は次のページへGO!!

49

情報の一部だけをぬきとって伝言ゲームのようにネット上を動いていくと、まったくちがった内容になってしまうこともあるんだよ

へえー、なんかこわい。気をつけなきゃ！

関心のあるところだけ聞く
えっ！
ホント〜!?
・・・・・・
なの？

想像を交えて伝える
・・・・・・
・・・なんだって。
たぶん・・・・
ということだと思うよ

断定に！
・・・なんだけど
・・・・ってこと
なんだって！

・・・・・・
・・・・・・
こともあるんだって！

へー

ええー！そうなんだ！

リテラくんからみんなへ

「伝えたこと」が、当初の意図とは関係なく勝手に動いていくことを、「情報のひとり歩き」というよ。ネット社会は、「伝言ゲーム」の勢いが増しているうえ、別の「尾ひれ」がついて、さらに広がるケースは数えきれない。だれもが情報発信者になれる時代、自分に都合のいいところだけを切り取って伝えないほうがいいのはもちろん、ちゃんと伝えたつもりでも、「相手が一部しか受け取らない可能性もある」と知っておくことが大事だね。

また、「専門家」と自分で言っている人たちの中には、マスコミやそのほかの情報よりも、「自分の知識のほうが勝っている」と考える人も多い。そういう人が伝える「あの話は実はまちがいだ」という情報の中には、自分を目立たせたいという気持ちから大げさに書かれているケースもあるから気をつけよう。

ニキビにベビーパウダーや軟（なん）こうをぬると治（なお）る？

信（しん）じる！

ベビーパウダーと軟（なん）こうを交互（こうご）にぬるだけという簡単（かんたん）な治（ち）りょう法（ほう）だから話題（わだい）になっているのよ！

ほら、実際（じっさい）に治（なお）った人（ひと）の写真（しゃしん）とかいっぱいあるし！

今（いま）まででいちばん効果（こうか）があったと思（おも）う！

そんなことないよ！だって、赤（あか）ちゃんのパウダーなんだから、はだにやさしいのもたしかだしね！

信（しん）じない！

どうかなあ。ニキビはなかなか治（なお）らないって兄（にい）ちゃんが言（い）ってたよ。皮（ひ）ふのあぶらがどうとか……

でも、[ニキビ　ベビーパウダー 🔍] で調（しら）べてみると、

ベビーパウダー＆軟（なん）こうでニキビは治（なお）らない！

皮（ひ）ふ科医師（かいし）

という記事（きじ）が多（おお）くあるよ！皮（ひ）ふ科医師（かいし）がそう言（い）ってる

いやいや、ニキビは専用（せんよう）の薬（くすり）があるんだから、赤（あか）ちゃん用（よう）じゃどうなのかな

どうなの？リテラくん！

ネット上（じょう）には、体験談（たいけんだん）や治（ち）りょう過程（かてい）の写真（しゃしん）がのっていることも多（おお）いよね。それが証拠（しょうこ）だからと、うのみにしてしまいがちだけど、本当（ほんとう）に信（しん）じていいのかな？

ニキビは小学校の高学年くらいから出はじめてくるね。若者の大きななやみのひとつだな

なやんじゃうよね！なかなか簡単には治らないから、うまく治せた人の情報をくわしく知りたいの！

ニキビは皮脂がつまってできる

思春期になると出てくるニキビは、皮ふの異常のひとつです。思春期は、成長ホルモンの働きにより、毛穴が小さいわりに、皮脂が多く分ぴつされるため、毛穴がつまってニキビができやすくなります。ストレスや睡眠不足なども原因となります。

ニキビの進行

毛穴の中に皮脂がつまりはじめる　　毛穴が角栓でふさがれて、アクネ菌が増える　　もりあがってきて全体に炎症を起こす

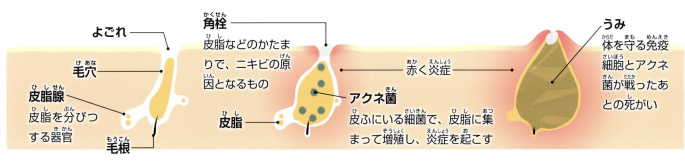

よごれ

毛穴

皮脂腺 皮脂を分ぴつする器官

毛根

角栓 皮脂などのかたまりで、ニキビの原因となるもの

皮脂

アクネ菌 皮ふにいる細菌で、皮脂に集まって増殖し、炎症を起こす

赤く炎症

うみ 体を守る免疫細胞とアクネ菌が戦ったあとの死がい

原因は皮脂がつまることだから、それを防げばいいのね！　じゃあ、この方法はいいんじゃない？

ホントかな？

ベビーパウダーと軟こうで治るという主張

ニキビの上にパウダーをつけ、その上から軟こうをぬる。仕上げにパウダーをたたくという方法。

③ ベビーパウダー
② 軟こう
① ベビーパウダー

ベビーパウダーの効用

パウダーが余分な皮脂を吸収して、毛穴のつまりを防止できる。

軟こうの効用

炎症をおさえたり、雑菌のはん殖をへらしたりする。

でも、反対派の人はこう言ってるよ！

使用を反対している人の主張
- ベビーパウダーや軟こうは、汗腺や皮脂腺をふさぐこともあるため、むしろ皮脂をためてニキビをつくり出してしまう。
- 軟こうは消毒効果しかなく、炎症をおさえるための成分はふくまれていない。

ベビーパウダーの本来の役割

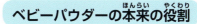

パウダー
あせなどの水分
はだ

皮ふのあせを、パウダーが吸い上げ、空気中に蒸散させる。

疑問❶ 水分は吸い上げるけれど、ニキビに関わるあぶら分は吸い上げにくいのでは？

疑問❷ パウダーの上から軟こうをぬったら、ふたになるから、水分の蒸散すらできないのでは？

体のことだから、慎重に考えるのは大切だよ。悪化する可能性があるなら、安易にやらないほうがいい。しかも、目的外使用だからね

傷やしっしん等がある時は、使用しないでください。

はれなどがあらわれた場合は使用を中止してください。そのまま使い続けると、悪化することがあります。

目的外の使い方をしたら体に害が出ることもある

商品のパッケージには、たいてい注意書きがあります。箱の中の説明書にしか書いていないものもあります。説明書にない使い方をすると逆に害になることもあり、そのせいで大きなトラブルになっても、その会社は助けてはくれません。

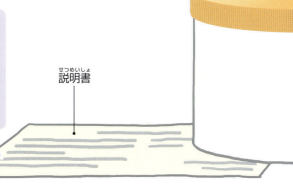

用法用量を必ず守ってご使用ください。5〜6日たっても効果があらわれない場合は、使用を中止してください。

説明書

でもやっぱり効果を信じたいな……

それはよくわかるよ！それこそが最も気をつけるべき点なんだ！

どーゆーこと？次のページへGO!!

＊ニキビが気になる場合は、皮ふ科を受診すると、専用の薬による治りょうが受けられます。

ほら、こんなにいろいろな人が体験をのせているよ！

この記事と同じ写真だね！あれ？ 文章もまったく同じだ

ちがうホームページなのにまったく同じ内容の記事をのせていることはよくあるよ。こういう使い回し記事には広告目的など、ちょっとずるい目的があると思うよ

どういうこと？

コピーアンドペースト＊記事だね

＊文章や画像をコピーして、別の場所にそのままはりつける（ペーストする）こと。

赤ちゃんのはだに使える＝安全性が高い？

はだに直接つけたり、ふれたりする商品の説明では、よく「赤ちゃんに使える」という表現が出てきます。でも、この言葉だけで何かを具体的に証明しているわけではないので、本当に安全なのかどうかは、きちんと確認する必要があります。

広告などで商品の効果を端的に表せて、また目を引きやすくするために使われる言葉をマジックワードとよぶよ

たしかに、このひと言でなんとなく安心してしまうかもね。「〇〇さんも使っている」という有名人の名前を出すものと同じかも

はあー

体験談は、どこまで参考にしていいのやら

リテラくんからみんなへ

ダイエットやニキビなど、人に言いづらいなやみは、ネットで解決法を探してしまいがちだね。そういうものほど、ネット上の体験談が多いんだ。しかも、効果のあるなしははっきりしてなくて、商品を売りたいだけの広告の可能性もあるし、「効果があった」という写真も加工してつくられていることが多い。「なやみ」にまつわるものほど、効果を「信じたい気持ち」がより強くなるように、うまく書かれているものが多いことを覚えておこうね。

過呼吸になった時は、紙ぶくろを口に当てる？

信じる！

呼吸が速くなって、たおれちゃうっていう症状だよね

アイドルがたおれた時「紙ぶくろ」ってさけんでいる映像を見たよ！

ペーパーバッグ法という名前もついているし、過呼吸を経験したタレントもいつもふくろを持ち歩いているってテレビで言ってたよ！

信じない！

呼吸のしすぎで苦しいのなら、口にふくろを当てればよくなりそうな気もするね。でもさ、なんだかちっ息しそうで、不安だなあ……

どれどれ……
「ペーパーバッグ法」を検索してみよう……
おっ、「危険」「ダメ」っていう記事がたくさん見つかったぞ!?
ホントにだいじょうぶ？

どうなの？リテラくん！

ネット上には、実際にペーパーバッグ法でよくなった人の体験談もたくさんのっているね。体験談はとてもえいきょう力があるから、判断が難しいんだよね！

55

そもそも、どうして紙ぶくろを口に当てるのか？体の中で起きていることをちゃんと知っておこう

「過換気症候群」ともいうんだね。息ができないのはこわいなー

あれ？ 呼吸をしすぎるのではなくて、息が吸えないのか！

過呼吸ってどうなっちゃう症状？

とつぜん、呼吸が乱れてうまく息が吸えなくなるなど、主に呼吸に関わる症状が出ます。

パニック！！

ハアハア

ゼイゼイ

え？ ハアハアしているのに、息が吸えてないの？

どんな時に起こる？
不安やストレスを感じた時や、マラソンや水泳などの呼吸が荒くなりやすいスポーツのあとなどに起こりやすい。

何が起きるの？
呼吸が速くなり、息苦しさから、頭がボーッとして、頭痛やめまい、手足のしびれなどが起こる。ひどいと、意識を失うこともある。

体が動かなくなるなんて、ホントにこわい！

原因も自覚症状もないのに、こうなる人もいて、余計にパニックがおそって死ぬ恐怖を感じることも多いんだよ

| その時何が起こっているのか？ | 体 VS 頭 |

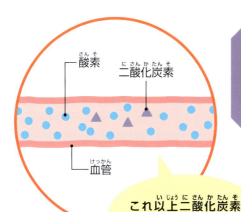

おい！ 血中の二酸化炭素が足りないんだから、息から出ていかないように呼吸を止めてよー!!

ちょっと!! 息苦しいよ！ もっと呼吸をしなくちゃ。息を吸ってはいて、ほら!!

これ以上二酸化炭素をはき出さないでー！

血液中の二酸化炭素が不足したため

なんらかの原因で呼吸が乱れて速くなると、大量の酸素が入ってきて、二酸化炭素は出ていくため、その割合がへります。二酸化炭素は、わずかですが体には必要で、その量が足りないと感じた体が呼吸を止めてしまいます。でも、頭は息苦しさへの不安から、どんどん呼吸をさせようとしてしまうのです。

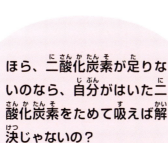

パニック!!

結局、わたしはどうすればいいのよ!!

うわあ、こんなことになっているのかあ。そりゃあパニックになるね！

ほら、二酸化炭素が足りないのなら、自分がはいた二酸化炭素をためて吸えば解決じゃないの？

そう思うのも無理はないよね。理論的には正しいから。でも、そんな単純ではないんだよ

どーゆーこと？
次のページへGO!!

57

紙ぶくろを口に当てるのは、こういう理由だよ

ふくろを当てる目的は、血液中の二酸化炭素と酸素のバランスを整えるため。はいた息（呼気）には二酸化炭素が多いので、確実に二酸化炭素が吸える。

血液中の二酸化炭素が足りないから、こういう方法になるのか！

理にかなってるし、効果もあるってことでしょ？

二酸化炭素が補充されたよ

これで正常になったねー

空気中の二酸化炭素の成分は0.03％ほどだが、呼気には約4％ある。

でもね、危険もあるんだよ

復活！　落ち着いた……

ペーパーバッグ法による危険

! ちっ息の可能性が!?

鼻や口をふさいでなければ、ちっ息するほどではないが、過呼吸状態だと酸素不足に反応する機能が低下するため、酸欠に気づけず、意識を失ってしまう可能性がある。そうなると、けがや事故の危険も。

! 海外では死亡した人も!?

アメリカで、心臓病により過呼吸に似た症状が出た人に、救急隊の指示でペーパーバッグ法を行ったところ、病院に向かう途中で亡くなった。ほかの病気が原因の場合、この方法だとかえって悪化させる危険がある例だ。

うわっ！これはこわいね

問題は、理くつ上ではまちがっていないこと

昔の医学の教科書にのっていたくらいなので、理くつではまちがっているとはいえません。でも今は、救急病院でもペーパーバッグ法は行わないという指導がされています。少なくとも、心臓病など、ほかの病気を持っている人には危険な方法だといえます。

今も医師が方法を紹介している記事があるからね

過呼吸にはふくろを当てて！

ふくろの使用をすすめていた時期があったから、そのころに習った人は、その知識を紹介してしまうんだよ

「天才」医師のまんがもあったよ！

でも、これで助かったという人も多いみたいよ！

ふくろを持ち歩くと不安がなくなります

って言ってるタレントもいるくらいだし……

その人たちに「まちがっていた」とは言えないし、かわいそう……

大事な点に気づいたね！実は、過呼吸のもうひとつのポイントが「不安」なんだよ

心理パニック

過呼吸などの発作をくり返し、ふだんから、「いつなるかわからない」という不安におそわれ続ける状態をパニック症候群という。死なないとわかっていても、過呼吸におそわれるストレスがいつまでもつきまとい、発作からのがれられなくなる。

不安が過呼吸を呼び、過呼吸のくり返しが不安をつくるという悪循環

呼吸が乱れがち → 過呼吸の状態 → また起きるのではという不安 → （呼吸が乱れがち）

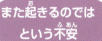

不安をおさえられるなら、そのために使うのは有効だよね！

それもふくめて、不安を少しでも小さくするため、周りの人が知っておくべきことがあるよ

知りたい君は次のページへGO!!

過呼吸を起こした人への対応

実際に目の前の人が過呼吸になったら!?知っておくと安心！

実は、過呼吸はほとんどの場合、何もしなくてもやがて回復します。救急病院でも様子を見ながら、ただ休んでもらう処置がほどこされます。「あわてないこと」が最も大切な対処法です。

吸う息よりもはく息のほうに意識が向くように声をかける

ゆっくりはいて、はいて〜ちょっと吸って〜

呼吸のペースをおそくさせるために背中をゆっくりおしてあげる

呼吸のしかた

❶ 1〜2秒、息を止める。

❷ 10秒かけてゆっくり息をはく。

10秒

❸ ちょっと息を吸う。

ポイント

ストレスや不安などの過呼吸は、すぐに落ち着く。本人はあせってパニックになっているからこそ、周りが落ち着いた対応を見せ、安心感をあたえよう。

リテラくんからみんなへ

医学の教科書にのっているほどの常識でさえ、変わることはあるんだ。だけど、古い常識からぬけられず、新しい常識を否定しようとする情報もある。一方で、根きょもなくこれまでの常識を否定しようとする情報もある。どれが正しいかを正確に判断するのは大人でも難しい。とりあえず、「一方向の情報だけを見ない」ことを心がけよう。

さくいん

あ
悪玉菌 ・・・・・・・・・・・・・・・・・ 13、14
アクネ菌 ・・・・・・・・・・・・・・・・・・・・ 52
アセトアルデヒド ・・・・ 20、21、22
アセトアルデヒド脱水素酵素
（ALDH2） ・・・・・・・・・・・ 20、21
アミノ酸 ・・・・・・・・・・・・・・・ 42、43
アルカリ性 ・・・・・・・・・・・・・ 24、25
アルコール ・・・・・・ 9、19、20、22
アルコール依存症 ・・・・・・・・・・・ 22
アルコール脱水素酵素
（ADH） ・・・・・・・・・・・・・ 20、21
アルコール分解酵素 ・・・・・・・・・ 19
インフルエンザ ・・・・・・・・・ 15、18
ウイルス ・・・・・・・・・ 9、10、15、
　　　　　　　　　　　16、17、18
ウイルス飛まつ ・・・・・・・・・ 15、16
うんち ・・・・・・・・・・・・・・ 12、13、14
エナメル質 ・・・・・・ 28、46、48、49
お酒 ・・・・・・・・・・・ 19、20、21、22
おなら ・・・・・・・・・ 11、12、13、14

か
化学物質過敏症 ・・・・・・・・・・・・・ 32
過換気症候群 ・・・・・・・・・・・・・・・ 56
過呼吸 ・・・・・・・・・ 55、56、58、59
カルシウム ・・・・・・・・・ 23、25、26、
　　　　　　　　　　27、28、46、47
肝臓 ・・・・・・・・・・・・・・・・・・ 20、22
寒天培地 ・・・・・・・・・・・・・・・・ 8、10
喫煙 ・・・・・・・・・・・・・・・・・・ 30、32
菌 ・・・・・・・・・・・・・・・ 7、8、9、10
くさび状欠損 ・・・・・・・・・・・ 47、48
広告 ・・・・・・・・・・・ 33、34、44、54
酵素 ・・・・・・・・・・・・・・ 20、21、22
コーラ ・・・・・・・ 23、24、25、26、27
コラーゲン ・・・・・・ 41、42、43、44

さ
サードハンドスモーク ・・・・・・・・ 32
再石灰化 ・・・・・・・・・・・・・・・・・・ 47
酢酸 ・・・・・・・・・・・・・・・・・・・・・ 20
酸 ・・・・・・・・・・・・ 24、46、47、48
酸しょく歯 ・・・・・・・・・・・・・・・・ 28
酸性 ・・・・・・・・・ 24、25、28、45、47
歯こう ・・・・・・・・・・・・・・・ 46、48
脂肪 ・・・・・・・・・・・・・・ 38、39、40
受動喫煙 ・・・・・・・・・・・・・・ 29、32
主流煙 ・・・・・・・・・・・・・ 29、30、31
消化器 ・・・・・・・・・・・・・・・・・・・ 12
小腸 ・・・・・・・・・・・・・・・・・・・・ 12
除菌 ・・・・・・・・・・・・・ 7、8、9、10
食物せんい ・・・・・・・・・・・・ 12、14
腎臓 ・・・・・・・・・・・・・・・・・・・・ 36
心臓病 ・・・・・・・・・・・・・ 36、37、58
心理パニック ・・・・・・・・・・・・・・ 59
スカトール ・・・・・・・・・・・・・・・ 13
成長ホルモン ・・・・・・・・・・・・・・ 52
せきエチケット ・・・・・・・・・・・・ 18
摂食障害 ・・・・・・・・・・・・・・・・・ 38
善玉菌 ・・・・・・・・・・・・・・・ 13、14
象牙質 ・・・・・・・・・・・・ 46、48、49

た
タール ・・・・・・・・・・・・・・・ 30、31
ダイエット ・・・・・・ 35、36、37、38
大腸 ・・・・・・・・・・・・・・・・・ 12、13
だ液 ・・・・・・・・・・・・・・・・・ 47、48
脱灰 ・・・・・・・・・・・・・・・・・・・・ 47
タバコ ・・・・・・・・・・ 29、30、31、32
タバコの依存性 ・・・・・・・・・・ 29、31
炭酸飲料 ・・・・・・・・・・・ 23、27、28
炭水化物 ・・・・・・・・・・・ 35、36、37
炭水化物ぬきダイエット ・・・・・・ 36
中性 ・・・・・・・・・・・・・・・・・ 24、25
ちょい洗い ・・・・・・・・・・・・・・・ 10
腸内細菌 ・・・・・・・・・・・・・・ 12、13
手洗い ・・・・・・・・・・・ 7、8、9、10
伝言ゲーム ・・・・・・・・・・・・・・・ 50
糖尿病 ・・・・・・・・・ 28、35、36、37

な
軟こう ・・・・・・・・・・・・・ 51、52、53
ニキビ ・・・・・・・・・・ 51、52、53、54
二酸化炭素 ・・・・・・ 20、30、40、57、58
燃焼 ・・・・・・・・・・・・・・・・・ 39、40

は
歯 ・・・・・・・・・・・ 28、45、46、47、48、49
発がん物質 ・・・・・・・・・・・・・ 21、30
発酵食品 ・・・・・・・・・・・・・・・・・ 14
パニック ・・・・・・・・・・・・・・ 56、57
歯みがき ・・・・・・・・・ 45、46、48、49
皮ふ ・・・・・・・・・・・・・・・・・・・・ 42
肥満 ・・・・・・・・・・・・・・・・・・・・ 38
フィルター（タバコ）・・・・ 29、30、31
フィルター（マスク）・・・・・・・・・ 16
副流煙 ・・・・・・・・・・・・・ 29、30、31
ブログ ・・・・・・・・・・・・・・・ 33、34
ペーパーバッグ法 ・・・・・ 55、58、59
ペットボトル症候群 ・・・・・・・・・ 28
ベビーパウダー ・・・・・・ 51、52、53
ペプチド ・・・・・・・・・・・・・・ 42、43
骨 ・・・・・・・・・・・・ 23、24、26、27、43

ま
マスク ・・・・・・・・・・ 15、16、17、18
ミクロソームエタノール酸化酵素
（MEOS） ・・・・・・・・・ 19、21、22
ミュータンス菌 ・・・・・・ 46、47、48
むし歯 ・・・・・・・・・・・・・・・ 46、48
むし歯菌 ・・・・・・・・・・・・・・・・・ 46
メタンガス ・・・・・・・・・・ 11、13、14

ら
リテラシー ・・・・・・・・・・・・・・ 5、63
リン酸 ・・・・・・・・・・・・ 26、27、46、47
リン酸塩 ・・・・・・・・・・・・・・・・・ 27

おわりに

北折 一

ぼくは正しいと思うけど君はどう？

わたしは少しあやしい話だと思うわ！

この本では、「信じる」子と「信じない」子が会話をしてるでしょ。
それが一番大事なことです。なぜならば、ネットは
「自分ひとりで見ることがとっても多い」から。

"ネット情報は、書いてあることを そのまま受け取るのではなく、 だれかと話して、「ホントなのかなー？」と 考えてみることが大事なのです"

本の中で何度も出てきたとおり、ネット情報の中には、
「正しいことを知ってほしい」という目的ではなく
発信されているものもたくさんあります。むしろ、正しくない
情報のほうが多いのかもしれません。情報をつかむのが
簡単になった現代だからこそ、「ホントなのかなー？」といったん
立ち止まって考えることを大切にしてください。それには、
自分ひとりの考えだけじゃないほうがいいに決まっているのです。

だからこそ!! です。この本の一番かしこい使い方を、今からお教えしましょう。

それは、ただ読んで、「へえ〜、そうなんだ」と思うことではないのです。

"「ホントなのかなー」と思いながら、この本にのっているたくさんの項目や言葉をネットで検索してみてください。

2つか3つ拾い読みするのではなく、「ちがうことを書いてあるのはないのかなー」と探してみてください。そして、

家族や友達と、「ねえねえ、どう思う？」と、話してみてください。その会話こそが、あなたの脳をどんどんきたえてくれることになるのです。

ふむふむ

【あとがき：おとなの皆さまへ】

　情報は変わります。新しい事実が突きとめられて変わることもあれば、単に人々の受け取り方が変わることで、流される情報の内容や質が変わることもあります。そのペースは、ネット時代が進んで、ますます加速しています。

　たとえば過呼吸の際のペーパーバッグ法は、NHK「ためしてガッテン」の放送前には主流でしたが、今では「危険」という情報のほうが多くヒットします。炭水化物ぬきダイエットにいたっては、本書の準備を始めた頃と、その一年後の今では、180度と言っていいくらいネット上での評価は変わってきています。この本がみなさんの手元に着く頃には、また何かが変わるかもしれません。

　マスコミが流す情報も真実とは限りませんし、「マスコミが真実を語らないから」という理由で流されている情報にも、間違いやねつ造が多々存在します。証拠となるはずの映像や写真も、一般人にさえ高度な加工が容易にできるようになり、信じてはいけない情報が増えています。

　そんな中でやむをえず必要となってしまった「リテラシー」について、子どもたちになるべく抵抗なく受け取ってもらいたいと願って書きました。子ども向けなので、という理由もありますが、もともと「リテラシー」自体が終わりのない性質のものですので、入り口程度にしか書けてはいません。その分、ぜひ本書をきっかけにして子どもたちとの会話を大切にしていただきたいと願っています。「正しいか正しくないか」だけではなく、「人々を幸せにしてくれる情報かどうか」の視点が大事にされれば、世の中の情報も少しはよくなるのではないか、そんな思いも受け取っていただけると幸いです。

著者 サイエンスライター
北折 一（きたおり はじめ）

1964年愛知県生まれ。元NHK科学・環境番組部専任ディレクター、「ためしてガッテン」演出担当デスク。小中学生の3人の子どもがいる。

1987年NHKに入局後、静岡放送局などを経て、科学バラエティ番組「ためしてガッテン」の立ち上げに参加し、18年間にわたって同番組の制作を続ける。2000年にマスコミ界初の「消費生活アドバイザー（経済産業大臣認定）」資格取得。2013年にNHKを退職し、現在は、おもに健康教育の分野で「人々のよりよい生活のお手伝い」をめざして、「健康情報の読み解き方・伝え方」「生活習慣病予防のダイエット」などの講演を行うほか、執筆活動も。自らの減量経験をもとに出したダイエット本が話題になる。

著書に、『最新版・死なないぞダイエット』『やせるスイッチ　太るスイッチ』（KADOKAWA）、『食育！ビックリ大図典』（東山書房）、『死なない！生きかた　～学校じゃあ教えちゃくれない予防医療～』（東京書籍）ほか多数。
（ホームページ　http://www.kitaori.jp/Top.html）

写真提供・協力

9ページ写真／ブタのインフルエンザウイルス：Photo by Cynthia Goldsmith, Courtesy of CDC／病原性大腸菌O157：Photo by Janice Haney Carr, Courtesy of CDC

10ページ写真／小学校の手洗い：品川区立第四日野小学校主幹養護教諭・足助麻理先生

10ページデータ／手洗い調査：『小学生および保護者の手洗いに関する意識と実施状況および相互の関連』、「学校保健研究」p243 (2012),日本学校保健学会・足立節江先生ほか

17ページ写真／マスクに付着したインフルエンザウイルス：元国立感染症研究所主任研究官・中山幹男先生

28ページ写真／酸蝕歯：日本大学歯学部保存学教室修復学講座教授・宮崎真至先生

46ページ写真／染め出し・齲歯：国立モンゴル医科大学客員教授・岡崎好秀先生

47ページ写真／くさび状欠損歯：ほりべ歯科クリニック・堀部尊人先生

52ページ写真／ニキビ：岡村皮フ科医院院長・岡村理栄子先生

校正　石井理抄子・古川妹
撮影　後藤祐也
編集　松尾由紀子
編集長　野本雅央

ネットで見たけど これってホント？
① 健康のメディアリテラシー

2016年9月15日　初版第1刷発行
2021年7月25日　初版第4刷発行

著者　北折 一
制作　ニシ工芸株式会社
編集　ニシ工芸株式会社・田口純子・深山史子
イラスト　松本奈緒美
装丁・本文デザイン・DTP　ニシ工芸株式会社（小林友利香）
発行人　松本 恒
発行所　株式会社少年写真新聞社
　〒102-8232 東京都千代田区九段南4-7-16
　市ヶ谷KTビルI
　TEL　03-3264-2624
　FAX　03-5276-7785
　URL　https : // www.schoolpress.co.jp
印刷所　大日本印刷株式会社

© Hajime Kitaori 2016 Printed in Japan
ISBN978-4-87981-577-4 C8636　NDC374

本書を無断で複写、複製、転載、デジタルデータ化することを禁じます。
乱丁・落丁本はお取り替えいたします。定価はカバーに表示してあります。